HISTOIRE

DE LA

MARINE FRANÇAISE.

Je ne reconnaîtrai pour authentiques que les exemplaires qui seront revêtus de ma signature, et je poursuivrai les contrefacteurs.

DE L'IMPRIMERIE DE HOCQUET,
RUE DU FAUBOURG MONTMARTRE, N°. 4.

HISTOIRE

DE LA

MARINE FRANÇAISE

ET

DE LA LOYAUTÉ DES MARINS,

SOUS BUONAPARTE;

CONTENANT EN OUTRE

Le Récit de la Mission de l'Auteur à Brest, pour le service du Roi; des Événemens extraordinaires et des Persécutions sans nombre qui en furent la suite.

Par le Chev^{ier}. DE RIVOIRE SAINT-HYPOLITE,

Ancien Officier de la Marine Royale.

DÉDIÉ A S. A. R. MONSIEUR.

PARIS,

A la Librairie d'Éducation, chez ALEXIS EYMERY,
rue Mazarine, n°. 30.

1814.

A SON ALTESSE ROYALE

MONSIEUR.

———

Monseigneur,

Mon but, en publiant ce Récit, est d'abord
de rectifier dans l'opinion publique l'impression
qu'ont dû y produire des rapports faits sur
les événemens dont il est question, sous la
dictée de l'usurpateur; rapports forgés par la
calomnie et la haine. Ensuite de recommander à la bienvaillance royale les personnes qui
ont marqué d'une manière distinguée par la
loyauté et le dévouement dont elles ont
donné des preuves. D'obtenir une juste in-
demnité pour les sept Officiers, Membres
du Jury de la Cour Martiale maritime à Brest,
qui ont été victimes de leur honnêteté, par
le plus monstrueux oubli de toute justice

Et enfin, de témoigner ma reconnaissance aux Officiers de la Marine française en général, et prouver qu'ils n'ont cessé de porter dans leur cœur le désir de servir la monarchie légitime ; ce qu'ils ont fait toutes les fois que l'occasion s'en est présentée.

Ce fut par les ordres de V. A. Royale que l'entrepris une mission aussi importante, et je me suis efforcé de m'y rendre digne d'une si honorable confiance. Vous avez bien voulu Monseigneur, approuver ma conduite ; votre sollicitude paternelle ne m'a jamais abandonné dans le malheur. En vous dédiant ce récit, j'obéis donc en même tems au devoir et à la reconnaissance. Daignez en agréer l'hommage de la part de celui qui est, avec le plus profond respect,

DE VOTRE ALTESSE ROYALE,

MONSEIGNEUR,

Le très-dévoué, très-fidèle et très-obéissant serviteur

Le Chevier. DE RIVOIRE SAINT-HYPOLITE.

HISTOIRE

DE LA

MARINE FRANÇAISE

ET

DE LA LOYAUTÉ DES MARINS,

SOUS BUONAPARTE.

Le trident de Neptune est le sceptre du monde.

Pendant le cours de la révolution, la marine militaire a été en disgrâce auprès des divers gouvernemens qui se sont arraché successivement le pouvoir de tyranniser notre malheureuse patrie. Il était assez naturel que les révolutionaires éprouvassent de la haîne pour l'ancienne marine royale, qui s'est plus que toutes les autres armes montrée unanimement fidèle à son Roi, dévouée à le servir en toute occasion et de toutes les manières possibles. On ne peut en effet citer aucune armée royale, aucune insurrection en faveur de l'autorité légitime, aucune tentative contre les usurpateurs, sans y trouver quelques officiers de l'ancienne marine royale, jouant le premier rôle; mais après la destruction de ce corps respectable par sa fidélité et ses talens, les novateurs auraient naturellement dû les intéresser à la nouvelle marine qu'ils venaient de créer eux-mêmes : ce fut cependant le contraire. Un instinct secret apprenait sans doute à ces tyrans, que les germes de la loyauté ne pouvaient être entièrement étouffés dans le cœur d'un marin français, et que la moindre circonstance pouvait leur donner un noble essor et renverser leurs projets. Les événemens qui se sont passés à Toulon, en 1793, en sont une preuve bien frappante : ce qui m'est arrivé à Brest et à Rochefort, depuis 1799 jusqu'en 1803, n'est pas moins étonnant; jamais on ne montra plus de zèle et de discrétion. Je dus la vie aux officiers de marine, MM. Segoing, la Carrière, Legonidec, Olivier, Hullin, Gestin et Graby, officiers de marine, membres du jury de la cour Martiale maritime de Brest, qui bravant les fureurs de l'usurpateur et de son ministre, osèrent m'acquitter en 1802. Les officiers de Rochefort avec moins de raison que ceux de Brest pour s'intéresser à moi, et avec tous les motifs de crainte personnelle que devait leur inspirer l'indigne traitement exercé contre ceux de Brest, surtout après les menaces qui leur avaient été faites, ne trouvèrent pas moins le moyen en 1803 de me tirer d'affaire, autant qu'il dépendait d'eux; enfin la justice m'oblige à payer un tribut de reconnaissance au zèle et à l'amitié de MM. le contre-

amiral Courant, Le Coët St.-Ahouen, capitaine
de vaiseau, chef de division ; Léger, chef d'administration ; Hubert, Polony, capitaines de vaisseau ;
Renault, Bassière, Kerimel, Lamanon, Seguin
Du Chazeau, Fretel, etc., officiers de marine ;
De Jary, Drouart de l'administration ; Bergevin,
missaire auditeur de la cour Martiale de Brest ; Fau-
rez, commᵉ. auditeur de ladite cour à Rochefort, etc.

Le gouvernement révolutionnaire, bien digne
de son nom par sa brutale imprévoyance, com-
mença par détrure le corps des officiers de marine,
qui à cette époque offrait à la France un rare as-
semblage de talens distingués. En employant, ou
laissant passer ensuite les canonniers et les anciens
matelots dans l'armée de terre, on acheva d'an-
néantir la marine. On crut suppléer au mérite et
aux connaissances, fruit d'une saine théorie et
d'une bonne pratique, par la force aveugle du
nombre. Cet expédient qui a eu tant de succès
dans les armées de terre, pendant toute la révolution, devint absolument nul sur mer, où le
plus habile fera toujours la loi. Les révolutionnaires trompés dans leurs espérances maritimes,
négligèrent entièrement une armée dans laquelle
ils ne pouvaient attendre de succès qu'en suivant
une marche toute opposée à celle qu'ils avaient tenue
depuis le commencement, et au moyen de grands
sacrifices. Ils n'en firent rien, et oublièrent ce

proverbe incontestable, que *le trident de Nep-*
tune est le scèptre du monde. Ils eurent en même
tems l'injustice de s'en prendre aux officiers de
leur nouvelle marine, des désastres dont eux seuls
étaient la cause. Cette conduite était d'autant plus
blamable, que ces officiers n'ayant que de mauvais équipages, des munitions avariées, (1) peuvent
citer des actions extraordinairement honorables,
telles que la prise du vaisseau anglais le *Berwik*
de 74 canons, près du cap Corse, par la frégate
l'*Alceste* de 42 canons; celle de la frégate l'*am-*
buscade de 44, par la corvette la *Bayonaise* de
26 canons, etc. Heureusement pour le bonheur
de la France, Buonaparte suivit en marine le
systême de ses prédécesseurs révolutionnaires; il
crut tout faire avec ses soldats; mais jamais il ne
put dompter la seule nation maritime, celle qui
par ses efforts constans a fini par renverser ce
nouveau *Nabuchodonosor.*

Buonaparte n'avait jamais aimé la marine;
c'était chez lui un préjugé de jeunesse, que
les changemens de fortune ne firent qu'augmenter. Comme l'amitié ne se gagne qu'avec de

_____

(1) J'ai là certitude que la poudre fournie par l'administration à l'escadre qui fut détruite à Aboukir, ne portait l'éprou-
vette qu'à 65 toises, tandis qu'avec la poudre anglaise elle
allait à 105 toises. *Note de l'Auteur.*

l'amitié, les marins à leur tour n'en ont jamais
beaucoup éprouvé pour lui. Lorqu'il créa le
grade de maréchal pour toutes les armes de l'armée
de terre, la marine n'obtint aucun grade équi-
valant. Les marins ne participaient en rien aux
faveurs que l'usurpateur versait à pleine main sur
les autres militaires. En 1799, un retard considérable dans les payemens des gens de l'escadre et des
ouvriers du port, occasionnait à Brest un état de
gêne très-pénible. Il n'y avait plus de troupes de
terre, tant dans la ville que dans la province. Le
service de garnison de la place, se faisait par des
troupes de marine et par des soldats Espagnols
que l'on avait débarqués à cet effet de l'escadre
de cette nation. Le commandant espagnol Gravina avait été comme second commandant à
Toulon en 1793, lors de l'insurrection royale.
j'avais eu occasion d'y servir sous ses ordres. Il se
trouvait à bord des bâtimens de l'escadre française plusieurs milliers d'anciens insurgés royalistes
de la Bretagne, ou de la Vendée, qui, après la
pacification, avaient été forcés de reprendre du
service dans la marine.

A cette époque, je venais de m'échapper par escalade du fort de la Malque près de Toulon, où
j'avais été enfermé comme émigré et chef de
conspiration royaliste. Buonaparte revenant d'E-
gypte, m'avait trouvé à Lyon, où je m'étais ré-

fugié chez mes parens : il feignait alors d'être chaud royaliste ; je m'y laissai attraper comme beaucoup d'autres et je le suivis à Paris , où il annonçait assez hautement vouloir renverser le directoire. Je ne tardai pas d'être détrompé sur son compte, surtout par la mort du jeune de Toustaing. M'étant procuré sur la situation de Brest les renseignemens dont je viens de parler, je me rendis à Londres, auprès de son altesse royale MONSIEUR, lieutenant-général du royaume, à qui je les communiquai. Il fut en conséquence décidé que je me rendrais à Brest, que j'accepterais le service qui m'était offert par Buonaparte, et que je me mettrais en mesure de m'emparer au nom du Roi, de la ville, du port, et de l'escadre. Pour m'en faciliter encore mieux les moyens, les forces des insurgés royalistes de Bretagne furent à ma disposition. A cet effet, l'évêque d'Arras expédia par la voix de Jersey, au général George Cadudal, l'abbé Brajeul, ancien curé de St.-Quay, actuellement attaché à l'ambassade à Londres. J'aurais desiré qu'un officier plus ancien que moi eût été chargé d'une mission aussi importante que celle qu'on me donnait, m'offrant de servir sous ses ordres et de l'aider de tous mes moyens. Il fut décidé que puisque j'avais donné l'idée du projet, je devais le mettre moi-même à exécution, et on me recommanda surtout d'éviter pour le port de Brest,

ce qui était arrivé à Toulon et au Texel. Les instructions qui me furent données, portaient qu'en cas de
succès de ma part, je ne permettrais pas l'entrée en
rade de Brest, à aucun bâtiment anglais de guerre ou
de commerce, jusqu'à l'arrivée d'un prince français; à plus forte raison les troupes anglaises ne
devaient pas y être reçues. Après que l'on m'eut
donné ces instructions, je m'embarquai pour la
Hollande, et je me rendis en France, auprès du
général Georges, avec lequel je me concertai.

Outre les moyens puissans dont je me trouvais
pourvu pour la réussite de mon affaire, j'en avais
un autre, qui seul eut suffi pour achever ma mission. Le commandant de l'escadre espagnole, ce
même amiral Gravina, sous lequel j'avais servi
à Toulon, était dévoué de tout cœur aux
Bourbons, et à la restauration de la maison
de France. « Par quel hazard êtes-vous ici? » me
demanda l'amiral, quand il me vit à Brest. » Vous
y êtes bien, » lui répondis-je. « C'est vrai, » re-
pliqua-t-il, « mais j'obéis aux ordres de mon Roi.
—Eh! bien, c'est le même motif qui me fait agir.
Il s'en suivit une explication, d'après laquelle
l'amiral Gravina consentit à se prêter autant qu'il
le pourrait, sans compromettre son gouvernement, à aider une tentative de la part des royalistes contre Brest. Il me désigna ensuite, comme
un homme auquel je pouvais me fier en toute as-

surance, le brigadier-général Don-Gorgochia, qui
commandait les troupes espagnoles. Cet officier
était un zélé partisant du Roi de France ; il avait
servi avec les armées françaises, dans les guerres
d'Amérique, et avait obtenu la croix de St.-Louis.
A l'époque en question, il la portait ostensiblement
dans Brest.

D'après tous ces moyens, ont voit que ma mission était fort aisée à exécuter, et au premier
ordre, la ville, le port et l'escadre de Brest eussent reconnu l'autorité royale, sans l'interven-
tion de forces étrangères quelconques; mais ce
mouvement devait coïncider avec un autre qui se
préparait dans l'intérieur, et un troisième que
le baron d'Imbert, ancien officier de marine et d'autres, devaient exécuter dans la
Méditerranée, sur le midi de la France. Je dus en
conséquence attendre le moment où un ordre *ad
hoc* du Prince, me permettrait d'agir. Ma position
dans l'intervalle était fort dangereuse ; la moindre
indiscrétion pouvant me perdre d'un moment à
l'autre, le nombre des personnes que j'avais été
obligé de mettre en tout ou en partie dans la confidence, étant considérable. Une seule chose me
sauva d'un péril si éminent; ce fut le soin particulier que j'eus toujours de ne choisir des
partisans que parmi les personnes que les
sentimens d'honneur et de loyauté pouvaient

faire agir , et de ne jamais employer lesmoyens
pécuniaires pour autre chose que pour les dépenses courantes et indispensables. De la sorte
je ne m'exposais pas à être vendu par des hommes qui eussent été capables de se vendre eux-
mêmes : ce qui est arrivé à tant d'autres chefs de
parti. Aussi a-t-on été étonné à Londres du peu de
dépenses que je faisais. On m'avait ouvert un cré-
dit considérable sur Amiens en Picardie, je n'en ai
fait aucun usage; j'ai été la victime d'événemens
impossibles à prévoir ou à prévenir; mais j'ai eu le
double bonheur de n'avoir jamais rencontré des
traîtres et de n'avoir compromis personne.

Je dois en excepter M. de Marsolier, l'estimable auteur de tant de jolis opéra connus , qui
fut à cause de moi détenu pendant deux jours
au Temple. Pendant le cours de la révolution,
M. de Marsolier n'a cessé de professer le roya-
lisme le plus pur et le plus désintéressé. Loin de
plier le genou devant la monstrueuse idole qui
vient de tomber, il n'a jamais voulu accepter ses
honteuses faveurs. A l'époque de ma mission à
Brest, il consentit avec zèle de rendre à la bonne
cause tous les services qui dépendraient de lui.
La précaution que j'ai toujours eu de brûler tous
les papiers dont la conservation eut pu devenir
dangereuse, l'eut mis à l'abri de toutes persécutions,
si on n'eut pas saisi à la poste une lettre qu'il

m'écrivait. Prévenu de cet événement au Temple, quoiqu'au secret, je lui fis connaître ce qu'il devait répondre aux interrogations qu'on devait lui faire subir. Mes réponses s'étant ainsi trouvées d'accord avec les siennes, il fut relâché le sur-lendemain. « *Ecrivez une lettre de moins et un opéra* » *de plus,* » lui dit le ministre Fouché, en le mettant en liberté.

On sera peut-être curieux de savoir comment étant au secret, j'avais pu communiquer avec M. de Marsolier. Quelque exactitude que pussent apporter à faire leur métier, les gens employés à la garde et à la surveillance des prisonniers d'état, il leur était impossible d'être plus industrieux à vexer, que ces derniers l'étaient à trouver les moyens de se soustraire à leurs vexations. A peine M. de Marsolier eut-il été quelques minutes au temple, que plusieurs prisonniers vinrent se placer sous la fenêtre de mon secret et se mirent à l'appeler plusieurs fois à haute voix. Je me collai aussitôt entre les grilles de ma fenêtre, mais sans pouvoir rien distinguer : seulement, je fis signe avec mon mouchoir. Le gardien chargé des secrets était un homme endurci au crime, qui devait à cette qualité la confiance que lui accordait la police. Il se nommait Popoon; on l'accusait de plusieurs mauvaises actions et on n'eut osé espérer de pouvoir le décider à en faire une bonne. Ce fut lui cependant qui le pre-

mier me donna des nouvelles : des prisonniers
avaient saisi le moment où il montait dans mon
secret, pour accrocher au pan de sa veste, avec
une épingle, un billet qui m'apprenait l'arrivée
de M. de Marsolier au Temple, et me prévenait de
veiller dans l'après midi quand on jouerait à la
balle dans la cour, parce qu'on m'en enverrait une
avec de la ficelle, du papier, une plume et de
l'encre. En effet, messieurs Louis Dubois-Guy,
de Caqueret, de Laferriere, etc., jouant à la balle
dans la cour, un d'entr'eux parvint à lancer dans
mon secret la balle en question. Outre les objets
déjà mentionnés, il y avait un petit billet qui me
demandait réponse à celui du matin, et me donnait un signal pour que je pusse faire connaître
quand j'aurais à donner de mes nouvelles, ou pour
apprendre quand on aurait à m'en faire passer. En
conséquence, lorsqu'après cela j'entendis le signal,
je me hâtai de faire descendre ma réponse au moyen
de la ficelle.

Mais revenons à ma mission de Brest. Des rai-
sons qui me sont inconnues retardèrent l'envoi
des ordres dont j'avais besoin pour agir : cependant le tems s'écoulait, la bataille de Marengo fut
gagnée, les armées rentrèrent dans le royaume,
un corps de quinze mille hommes de troupes ex-
péditionnaires fut rassemblé dans Brest, et toute
tentative de ce côté-là devint pour le moment im-

possible. Les mouvemens préparés sur d'autres points n'avaient pas eu lieu, et ma présence à Brest n'étant plus d'aucune utilité, je demandai permission à S. A. R. MONSIEUR, de retourner auprès de lui à Londres, ce qui me fut accordé. Ce fut peu de tems avant mon départ que le général George me parla du projet de la machine infernale, et m'en demanda mon avis; j'approuvai très-fort l'idée de détruire l'usurpateur; mais je fis deux objections : l'une qu'il n'était pas certain que l'on atteignît ce but avec une seule charette, l'autre qu'en supposant le succès le plus complet, les royalistes pourraient bien ne pas en profiter, et qu'il était à craindre que les jacobins, qui seuls étaient en mesure, s'emparassent de l'autorité. Quand je revis George quelques jours après l'explosion de la rue St.-Nicaise, il me dit (et je crois que c'est la vérité) que St.-Régent avait agi sans attendre ses ordres. On a beaucoup dit et écrit de niaiseries à l'occasion de l'explosion de la charrette à poudre : c'était assez naturel de la part de Buonaparte et de ses agens; mais les gens bien pensant ne devaient pas se faire leur écho. L'officier qui bombarde une ville, fait du mal à d'innocens bourgeois, à des femmes, à des enfans, sans qu'on lui en fasse un crime; pourquoi en faisait-on plutôt un à M. de St.-Régent, exposant sa vie pour détruire celle de son ennemi? Si les résultats de sa machine ont eu des effets meurtriers, c'est un accident de guerre, dans lequel son intention n'entrait pour rien; il voulait faire périr Bonaparte, il n'a pas réussi et a payé de sa tête cette tentative : rien de mieux de part et d'autre; s'il eut vécu et réussi, il eut mérité des récompenses du gouvernement actuel, au service duquel il était. C'était un ancien lieutenant de vaisseau, un officier aussi instruit que loyal et courageux, qui avait eu un commandement supérieur dans les armées royales de l'ouest; il était avec cela d'un caractère gai et bon, quoique un peu vif; mais surtout il était incapable d'avoir volontairement délibéré le mal qu'a produit l'explosion sur des personnes innocentes.

Au moment de quitter la Bretagne, me trouvant avoir environ quatorze cent guinées en or, et songeant qu'il serait plus avantageux au service du Roi de les y laisser, que de les reporter à Londres, je les remis au général Lemercier, dit Lavendée, commandant de la division des côtes du nord, et en même tems chef d'état major du général Georges. Le mauvais tems m'empêcha de m'embarquer à Saint-Quay, le cutter de la correspondance de Jersey, n'ayant pu accoster à cette pleine lune là; plutôt que d'attendre pendant quinze jours, je préférai prendre la route par Paris et Calais. En conséquence je me rendis à Paris, où je me procurai un passeport pour Calais, comme marchand américain, se rendant à *Altona* (c'était ainsi que l'on désignait Douvres à cette époque-là). Je me transportai à Calais en janvier 1801, et je descendis à l'auberge du lion d'argent. J'envoyai de suite mon passeport au commissaire de police Mengaud, qui sortant de dîner était ivre, suivant son usage ordinaire; il fit répondre que je pouvais prendre mon passage sur le paquebot qui devait mettre à la voile à quatre heures du matin.

Ayant, d'après cette réponse, retenu et payé mon passage pour Douvres, je commandai mon souper chez moi, voulant me coucher de bonne heure et éviter une trop grande fréquentation dans l'auberge. Il faisait très-froid et j'avais un grand feu dans ma chambre; j'étais à la fin de mon repas, lorsque je distinguai le bruit d'une troupe de soldats qui entraient dans la cour de l'auberge. Ayant sur-le-champ ouvert ma fenêtre, j'entendis un domestique de la maison qui disait à une servante... « C'est pour arrêter un des voyageurs qui doivent » partir pour Douvres. » Aussitôt j'ouvris la porte pour m'enfuir, mais il était trop tard; ayant distingué le cliquetis des bayonnettes, dans mon escalier, je rentrai et fermai ma porte, je pris ensuite mon porte-feuille dans lequel étaient tous mes papiers, plusieurs billets de la banque d'Angleterre, etc., et j'enterrai le tout au milieu de la braise de mon foyer. Quoique j'eusse caché ma croix et mon certificat de chevalier de Saint-Louis dans un double fond de la forme de mon chapeau, un heureux pressentiment me décida à sacrifier ces deux objets, ainsi que j'avais fait pour le porte-feuille.

J'achevais à peine de prendre ces mesures de précaution, lorsqu'on frappa violemment à ma porte, et aussitôt que j'eus ouvert, je me vis colleté par quatre hommes, tandis que d'autres s'empressaient de me fouiller de la tête aux pieds. On n'eut garde de me trouver aucun papier; on décousit mon habit, on coupa mon chapeau, mes bottes et la ceinture de mon pantalon; on détacha la tapisserie de la chambre, on fouilla dans les matelats, mais le tout en vain. Les alguasils me conduisirent ensuite chez le commissaire Mengaud, qui, après avoir cuvé son vin, s'était avisé de comparer le signalement de mon passeport américain, avec celui qu'il avait reçu ce jour-là du Ministère de la police, avec l'ordre de m'arrêter, en conséquence il m'avait envoyé prendre comme je viens de le raconter.

Voici quel était le motif de cet ordre envoyé contre moi. Quand j'eus remis, comme il a été dit plus haut, les fonds que j'avais en numéraire, au général Lemercier, ce dernier, au lieu de se rendre directement auprès du général Georges, s'amusa à faire une tournée dans le département des côtes

du nord, n'ayant avec lui pour escorte, que quatre guides du général Gorges. Le troisième jour,
étant couché avec ses gens, dans une grange
au Bourg *de la Motte*, près de Loudéac, il fut
attaqué par une colonne mobile de vingt-deux
paysans, seize chasseurs et cinq gendarmes. Il
fut atteint de deux balles et tué sur la place, ses
quatre soldats s'échappèrent, l'ennemi s'empara
de mon argent, et ce qui était pire pour moi, du
porte-feuille du général. Cet officier passait avec
raison pour un homme instruit et à talent; mais
il avait deux grands défauts : le premier d'être trop
minutieux et trop détaillé dans ses notes, le second
d'avoir une témérité excessive, qui a causé sa mort
et compromis une quantité de royalistes. On
trouva dans ses papiers les instructions que j'avais
reçues à Londres, un projet que j'avais proposé à
Georges de substituer à celui de Saint-Régent, la
déclaration de l'argent que je lui avais confié, et
les indices de la route que je devais prendre pour
sortir de France. Tous ces papiers furent aussitôt
envoyés à Paris, par un courrier extraordinaire,
et un autre courrier fut expédié à Calais avec l'ordre de m'arrêter. J'avais ouï dire à monsieur l'é-
vêque d'Arras, que Mengaud était un homme aisé
à gagner, j'essayai donc de capituler avec lui;
mais dans ce cas-ci mon arrestation avait fait trop
de bruit; j'avais d'ailleurs trop peu d'argent comp-

tant à donner à un homme qui ne faisait pas grand
cas des promesses : en outre l'affaire de St.-Régent
était encore trop récente et avait imprimé trop
de terreur aux agens de Buonaparte, pour que je
pusse décider Mengaud à me laisser aller.

Je fus enchaîné dans un cabriolet, un gendarme
le pistolet à la main fut placé à côté de moi, avec
l'ordre de me brûler la cervelle au moindre mouvement que je ferais, après cela, en vingt-huit
heures nous arrivâmes au ministère de la police,
à Paris. Je fus d'abord interrogé par le ministre
Fouché, qui me montra les papiers trouvés dans
le porte-feuille du général Lemercier, dont j'ignorais la mort; il m'assura en même tems que cet
officier était arrêté, et qu'il me chargeait beaucoup
dans ses dépositions. J'avais trop d'estime en Lemercier pour le croire capable d'une bassesse ;
mais il devait ignorer mon arrestation, il pouvait
croire que j'étais en sûreté en Angleterre, et d'a-
près tout cela, je ne laissai pas que d'éprouver
quelque inquiétude de ce que me disait le ministre. Néanmoins je me tins sur la négative absolue,
et je fis un conte en l'air, dont le ministre ne crut
pas un mot (je n'y avais pas compté), mais aussi
dont il ne pouvait pas prouver la fausseté en justice. Dans les interrogatoires suivans, je découvris
d'une manière assez curieuse, que Lemercier avait
cessé de vivre. Depuis mon arrivée à Paris, on

m'avait mis en charte privée, dans une chambre destinée à cet effet chez le ministre, j'y étais sans papier, plume, ni livres. Sous le prétexte de me procurer un moment de dissipation à cette existence monotone, mais dans le fait pour avoir une occasion de me faire perdre la raison, et me faire dire ce que je ne voulais pas, un des deux inspecteurs généraux, alors attachés au ministère de la police, me proposa de dîner avec lui et j'acceptai. Au premier coup d'œil je reconnus que cette invitation n'était pas faite sans dessein : le dîner était copieux et délicat, servi en brillante vaisselle et les vins étaient fins et variés. L'inspecteur entraîné par la tentation oublia la sobriété dont il aurait eu besoin pour bien jouer son rôle, tandis que je me tenais sur la réserve. Pendant le cours du repas, on lui apporta une note qu'il plaça sur un bureau après l'avoir lue. Lorsqu'à force de boire, je vis que mon homme avait perdu la tête, je feignis de m'endormir sur la table et il ne tarda pas à suivre tout de bon mon exemple. Dès que je me fus assuré que je n'avais rien à craindre de sa surveillance, je me levai doucement et fus lire la note en question, qui contenait ces mots : *N'oubliez pas que Rivoire ignore la mort de Lemercier,* je vins ensuite reprendre ma place et ma première attitude à table, d'où l'inspecteur ne se leva qu'après un sommeil de plus de deux heures.

Sûr alors de n'avoir aucune indiscrétion à craindre, je me tins plus fort que jamais sur la négative, et toute mon attention se porta à ne compromettre aucune des personnes intéressées dans
mon affaire. Après m'avoir tenu plusieurs jours
au secret chez lui, et avoir employé en vain des
menaces et des promesses pour tirer des aveux de
moi, le ministre m'envoya aux tours du Temple,
qui étaient alors encombrées de prisonniers. Dans
les notes trouvées sur le général Lemercier, on
avait entrevu que je devais avoir eu connaissance
de la machine infernale; mais comme ces écrits
n'étaient pas de ma main et ne me désignaient que
par des noms de convention , je n'eus qu'à nier
chaque fois que l'on voulut me mettre sur ce cha-
pitre. Il paraît qu'à toute force on voulait me compromettre, et il fut très-heureux pour moi d'avoir
pu prouver un alibi de cent-vingt-cinq lieues de
quinze jours avant, et de quinze jours après cette
malheureuse affaire, dans laquelle néanmoins on
a placé mon nom je ne sais à propos de quoi. Il
y avait quelques semaines que j'étais au Temple,
lorsqu'un matin le concierge vint m'avertir d'un
air consterné, de me préparer à partir. Une de ces
grandes charrettes d'osier, de celles qui servent à
transférer les criminels , m'attendait dans la cour,
six invalides armés de leurs fusils devaient y monter avec moi , et vingt gendarmes à cheval devaient

former mon escorte extérieure. Ce cortège était exactement le même que celui que l'on employait pour conduire des prisonniers à la commission de Grenelle, d'où l'on ne sortait que pour être fusillé dans la plaine, par les vétérans de l'escorte. Aussi tous ceux qui s'intéressaient à moi me firent leurs adieux, n'espérant plus me revoir, et je chargeai mon camarade de captivité et mon ami M. Louis Dubois Gui, de mes dernières volontés, croyant fermement que je serais mort dans quelques heures. Tout ce grand appareil n'avait au reste pour motif que de m'effrayer avant l'interrogatoire que l'on me menait subir au tribunal criminel, qui instruisait le procès de St.-Régent. Cette manœuvre fut très-inutile, je me moquai des terroristes et je m'en tins toujours à mon premier systême de dénégation. Après l'interrogatoire je fus ramené au Temple.

J'y étais déjà prisonnier depuis neuf mois, et je commençais à croire que l'on m'avait oublié, lorsqu'une nuit, à deux heures du matin, on me fit lever à la hâte, sans me permettre de voir personne, et l'on me fit monter dans une voiture pleine de gendarmes, et escortée par une vingtaine d'autres à cheval. En deux heures nous arrivâmes à la prison de Versailles, où l'on me déposa. Quelques amis vinrent m'y voir de Paris, et m'annoncèrent que j'étais envoyé à

Brest, pour y être jugé sur un décret d'accusation rendu par les consuls : *comme agent direct
d'une conspiration tendant à renverser le gouvernement républicain, rétablir la royauté en France,
rallumer la guerre civile dans les départemens de
l'ouest et s'emparer au nom du Roi de la ville, du
port et de l'escadre de Brest.* Mes amis prétendirent
que j'avais obligation de la décision qui m'envoyait
par-devant la Cour martiale de Brest, au second
Consul, ainsi qu'à l'adjudant - général le Coët
Ahouen, qui s'étaient opposés à ce que je fusse
jugé par la commission militaire de Grenelle, qui
m'eut sans aucun doute condamné à mort.

Le lendemain je partis de Versailles dans une
mauvaise charrette, et avec une nombreuse escorte. Dans les villes où nous arrêtâmes pour coucher, on fit prendre les armes à la garde natio-
nale, dont on plaça le poste dans la chambre même
où je devais dormir, et l'on peut bien se douter
que je n'en eus pas la moindre envie. A mesure
que j'avançais dans mon voyage, mon escorte de-
venait plus nombreuse et j'étais plus mal traité. A
Alençon, je fus mis dans un cachot souterrain,
d'où l'on venait de tirer le cadavre d'un malheureux qui y était mort de la fièvre putride ; à Vitré,
on me fit passer la nuit dans une cave, pêle-mêle
avec des voleurs, qui, au reste, se montrèrent
plus honnêtes à mon égard que les prétendus hon-

nêtes gens. C'est ainsi que je fus traité le long du chemin jusqu'à Rennes, passant le jour exposé à la pluie ou à la neige et la nuit sans dormir. A mon départ de Rennes, mon escorte fut portée à vingt-cinq hommes de cavalerie et une compagnie entière d'infanterie; non contens de toutes ces précautions, je fus en outre enchaîné de la tête aux pieds sur la charrette, surcroit de brutalité bien inutile et qui eu lieu jusqu'à Brest, couchant pendant la nuit dans des cachots sousterrains. En entrant dans cette ville, on n'osa pas me laisser les chaînes, mais on porta mon escorte à pied, à deux compagnies, tandis que le détachement à cheval resta toujours au même nombre. En passant à Lamballe, comme il n'y avait dans la prison aucun souterrain, on me laissa enchaîné et emmenoté pendant la nuit, n'ayant que le plancher sans paille pour me coucher. A minuit environ, le maréchal des logis de gendarmes de cette résidence, s'introduisit dans mon cachot, et me tira, à bout portant, un coup de pistolet, dont l'amorce seulement prit feu : le geolier, aidé d'un autre homme, l'empêcha de récidiver comme il en avait l'intention, et le mit dehors.

En arrivant à Brest, le préfet maritime me fit conduire à la prison des matelots, dite de *Pontaniou*, quoique suivant la décence et l'usage, en ma qualité d'officier, j'eusse dû être envoyé à bord de

l'amiral. En général, en toute occasion, on ne
m'épargna aucune de ces petites vexations que se
permet l'insolent quand il a la force, envers l'honnête homme dans le malheur. D'un autre côté,
j'avais l'avantage d'être au milieu d'amis sincères
et nombreux, fidèles et désintéressés; aussi n'ai-
je éprouvé ni indiscrétion, ni trahison, quelque
grand que fut le nombre de ceux à qui j'avais eu
affaire. Aussitôt après mon arrivée, le commissaire auditeur de la cour martiale, M. *Bergevin,* ancien bailli de Brest, me recommanda fortement,
sous le rapport des égards, au concierge de la
prison et hâta l'instruction de la procédure, pour
pouvoir me sortir du secret où je devais rester
jusqu'alors. Si quelquefois, dans le cours de mes
interrogatoires, je disais quelque chose qui pouvait me compromettre, le greffier, au lieu d'écrire,
s'arrêtait et me regardait fixement, jusqu'à ce que
je me fusse repris. Le commissaire auditeur lui-
même, avait soin de rédiger les interrogatoires
de la manière qui devait m'être le plus favorable.
Cette conduite de la part de M. *Bergevin,* était
conforme aux sentimens de loyauté qui n'ont
cessé d'être le partage de toute sa famille, et un
de ses frères avait même été pour ce motif, la
victime des révolutionnaires.

Aussitôt que la cérémonie préliminaire de l'instruction de la procédure fut achevée, et que je

pus communiquer avec les personnes de la ville, le meilleur avocat de Brest s'empressa de venir m'offrir ses bons offices, avec un zèle aussi vif que désintéressé. Cet estimable jurisconsulte, M. *Duval-Legris*, avait été officier de royalistes dans la première insurrection de l'Ouest. Livré depuis cette époque avec le plus brillant succès à la carrière du barreau, il recherchait avec ardeur toutes les occasions de servir les personnes de son parti qui se trouvaient compromises avec les tribunaux de l'ennemi. Les succès que lui procuraient son zèle et ses talens en pareilles occasions, lui valurent la haine du Ministère de la police. On lui signifia que le gouvernement, ennuyé de l'affectation avec laquelle il recherchait la défense des royalistes qui étaient en jugement, pourrait bien le faire à son tour enfermer dans une prison d'état, où il les fréquenterait à son aise. Néanmoins son mérite personnel parvint à surmonter cette mauvaise volonté, et lors de la formation des tribunaux prévôtaux, il fut nommé procureur-général à celui de Brest. Sa place vient d'être supprimée sans que cette perte ait altéré en rien son dévouement envers son légitime souverain, qui sans doute, récompensera ses bons services, en lui donnant dans la magistrature, un emploi digne de ses talens et de sa loyauté.

Je n'avais au reste, guère besoin d'avocat que

pour la forme; je me trouvais au milieu d'amis, et j'étais sûr d'être acquitté. La chose était même si certaine et si connue d'avance dans Brest, que le Ministre de la police qui en fut prévenu, écrivit au préfet maritime, pour lui ordonner de me garder en prison et très-resserré, *dans le cas où je serais acquitté.* Le préfet Cafarelli, piqué de se voir traiter en agent de police, refusa durement d'exécuter cet ordre, et le Ministre de la police en porta plainte à Buonaparte. Ce dernier ordonna au Ministre de la marine, d'enjoindre au préfet Cafarelli de se conformer aux ordres du Ministre de la police. Le Ministre de la marine, en recevant cet ordre, assura Buonaparte que l'on n'aurait pas la peine de l'exécuter, parce qu'il ferait nommer une cour martiale qui ne manquerait pas de me condamner à mort. Heureusement pour moi il se trompa dans son espoir. Les faits que je viens de raconter sont si extraordinaires, que je me crois obligé d'avertir que l'on en peut encore trouver les preuves écrites au greffe de la cour martiale de Brest, et sur le registre d'écrou de la prison de Pontaniou. Quand je parus devant les officiers destinés à composer le jury de la Cour martiale, j'en vis bien quelques-uns que j'eusse pu craindre de trouver faibles ou mal intention-nés; mais ils étaient en si petit nombre, en pro-portion avec les autres, que je crus devoir ne pas

faire usage du droit que j'avais, d'en récuser sept
sur quatorze, et de peur de compromettre quel-
qu'un par mon choix, je laissai au sort à en décider, et il tomba sur MM. Segoing, Lacarrière,
Legonidec, Graby, Gestin, Hullin et Olivier,
tous officiers d'honneur et de mérite, qui ont à
mon occasion éprouvé de la part de l'usurpateur,
un traitement attroce et qui leur donne droit à la
bienveillance de Sa Majesté.

Ma défense devant la cour martiale, fut fondée
sur le même systême d'ignorance et de dénégation
que j'avais employé dans tous mes interrogatoires, et je fus acquitté à l'unanimité, de la manière la plus légale : le juri ayant énoncé sa décision, en employant la formule ordonnée dans la
loi sur les cours martiales, sans y ajouter ni re-
trancher une seule lettre. Je n'étais pas néanmoins
au bout de mes peines ; le capitaine de la gendarmerie maritime me fit récrouer à l'instant, en
vertu des lettres du Ministre de la police et de
celui de la marine, que le préfet Cafarelli lui avait
confiées à cet effet. Comme d'après cela je me mé-
fiais d'une nouvelle trahison de la part de Buonaparte, je me fis sur-le-champ donner copie de mon
jugement, et j'en fis insérer un extrait dans un
des numéros du Journal des Débats. Mes craintes
n'étaient que trop bien fondées, quoique je fusse
bien éloigné de soupçonner à quel point on **en**

voulait venir. Trois semaines environ après le jugement qui m'acquittait, l'ordre fut envoyé de Paris d'arrêter les sept officiers membres du jury de la cour martiale, et de les conduire à Paris. En arrivant dans cette ville, ils furent menés chez le ministre de la marine, qui leur reprocha de m'avoir acquitté, ajoutant qu'ils étaient des sots, d'avoir manqué leur fortune en ne me condamnant pas à mort. Ensuite il les fit conduire aux tours du temple, où on les laissa languir pendant quatre ou cinq mois, après lesquels ils furent renvoyés chez eux, destitués sans forme de procès, et jusqu'à ce moment, au mépris de toute justice, n'ayant jamais reçu ni demi-paye, ni traitement de réforme. Cet acte horrible de violence et de haine, va sans doute être réparé par le gouvernement légitime et paternel, pour l'amour duquel ces dignes officiers n'ont pas balancé de s'exposer aux ressentimens de l'usurpateur.

La tyrannie n'est jamais plus odieuse dans ses excès, que lorsqu'elle veut les couvrir des formes juridiques; c'est l'hypocrisie ajoutée au crime réfléchi. Buonaparte avait bien certainement le pouvoir de me faire assassiner, ce n'eut été ni le premier, ni le dernier de ses nombreux exploits dans ce genre-là, et son exécuteur ordinaire n'eut pas fait plus de difficulté pour me faire périr, qu'il n'en eut éprouvé pour son propre père. (1) Heureusement pour moi, il lui vint la fantaisie ridicule d'y employer les tribunaux, au lieu de me faire expédier dans un bois, comme on a fait depuis à mon ancien camarade, M. *Daché*, en Normandie (2). Buonaparte ordonna que ma procédure de Brest fût soumise à l'examen du tribunal de cassation, qui n'avait aucun droit à cette époque sur les cours martiales maritimes. Ces dernières, instituées en 1790, tribunaux souverains, independans et sans appel, dont les jugemens devaient être exécutés dans les vingt-quatre heures, avaient leur organisation, leur cérémonial, leur protocole, leur réglement et leur code pénal à part, et différens de tous les autres tribunaux. Lorsque plusieurs années après l'établissement des cours martiales maritimes, on institua la cour de cassation, la loi qui la créa, spécifia *nominativement* tous les tribunaux qui devaient en ressortir, et les cours martiales maritimes ne furent pas de ce nombre. Tel avait été l'état des choses jusqu'à l'époque de mon juge-

---

(1) L'individu dont il est question disait un jour que si Buonaparte le lui commandait, il éventrerait son père!!!

(2) M. D. d. p. t. l. t., qui n'avait aucune autorité dans ce pays là, voulant prouver son zèle pour Buonaparte, prit sur lui d'ordonner ce crime à l'officier des gendarmes, qui ne s'en acquitta que trop bien.

ment, sans qu'aucune loi, ou arrêté, ou exemple antérieurs, y eussent apporté aucun changement; mais y a-t-il rien de plus aveugle que la haine et l'orgueil (1)? Ce qu'on a de la peine à comprendre, c'est qu'un tribunal comme celui de cassation, dont les membres sont au moins censés connaître les lois, et avoir une réputation à perdre, ayent pu se laisser persuader de faire le métier de *licteur*. Quel autre nom peut-on donner à celui qui, foulant sciemment aux pieds et par un motif d'intérêt assez médiocre, tous principes de loi natu-

---

(1) L'emple suivant n'a pas de pareil dans les annales des folies humaines.

Il y a environ deux ans que le chevalier Campell, baronet, lieutenant-général anglais, fut envoyé avec sa famille au château de Ham, où j'étais alors. Le général fut écroué, ainsi que son épouse, comme prisonnier d'Etat; mais voudra-t-on croire que leur fille, âgée d'environ deux mois, eut aussi son écru particulier? Quelque tems après, les conseillers d'Etat chargés d'endormir le peuple en feignant d'aller recevoir les réclamations des prisonniers, vinrent au château de Ham. Je ne sais s'ils interrogèrent la petite *Jemima*; il est au moins certain qu'elle ne leur fit aucune demande : elle n'en eut pas moins son carton et son protocole d'interrogatoire comme les autres. Au retour de ces commissaires et sur leur rapport, un conseil privé, présidé par Buonaparte, décida gravement que *mis Jemima Campell, âgée d'environ huit mois, était maintenue prisonnière d'Etat pour la sûreté de l'Empire français.*

relle et écrite, se fait l'aveugle instrument des violences qu'on lui commande?

J'ignorais cet attentat inoui jusqu'alors, et je regardais la continuation de ma détention comme un abus de la force tyrannique qui se venge de n'avoir pu faire pire, lorsque huit jours après l'acte de brutalité commis à l'égard des officiers de mon jury, je fus enlevé au milieu d'une nuit, par une troupe de gendarmes étrangers à la ville de Brest, qui me firent embarquer dans un bateau qui nous transporta sans délai à *Lanvau*. Là, je trouvai le capitaine de la gendarmerie de Quimper, avec un fort détachement de ses soldats; il me fit monter en voiture avec lui, et le soir on me fit coucher à Quimper, dans la caserne des gendarmes, où je fus gardé à vue pendant toute la nuit. Trois jours me suffirent pour être rendu à Nantes, parce que l'on me faisait voyager à fortes journées. Depuis Quimper, je continuai la route à cheval; des brigades de gendarmes attendaient sur la route, de distance en distance, pour relever celle de mon escorte de cavalerie. Quant aux troupes à pied, on en avait placé des piquets à toutes les avenues des bois, et à tous les croisés de chemins. En arrivant à Nantes, je fus d'abord fouillé de la tête aux pieds, avec autant de grossièreté que d'indécence, par le concierge de la prison dite du Bouffet, où me conduisirent les gendarmes; on m'y fit loger avec un ecclésiastique irlandais nommé *Ma-carthy*, qui fut fusillé quelque tems après, sur la plus absurde et la plus invraisemblable de toutes les accusations. Les vrais crimes de cet infortuné étaient d'être riche et étranger; aussi à peine l'eut-on arrêté, que le commissaire principal de police se saisit de son mobilier et de son argent. D'autres autorités s'emparèrent de sa maison de ville, de sa campagne, etc. On voit bien, d'après cela, qu'il ne pouvait conserver la vie.

De Brest à Nantes, j'avais été strictement gardé, mais je n'avais eu à me plaindre d'aucune insulte ni violence : il n'en fut pas de même pendant le reste de ma route. L'officier chargé de me conduire en partant de Nantes, était le lieutenant de gendarmerie de cette ville, petit vieillard à cheveux blancs, qui se vantait tout le long du chemin d'avoir commis plus de crimes qu'il ne lui restait de poils à la tête. Il me fit enchaîner et emmenoter sur un cheval, et je fus conduit au galop avec une trentaine de gendarmes pour escorte. Le soir, on arrêta à Santhonay, où je fus enfermé dans une vieille église dégradée, n'ayant pour lit qu'un mauvais banc de maçonnerie, et pour oreiller que des briques; on me refusa une paillasse, ou au moins une chaise pour y passer la nuit dessus. Le lendemain j'eus, de Santhonay à Marans, un autre officier qui valait encore moins que le premier, si cela était possible; c'était un parent du Ministre de la marine, auquel il voulut sans doute faire la cour aux dépens de ma vie. Il me fit enchaîner sur un cheval aveugle et boiteux, qui s'abattit plusieurs fois sousmoi, tandis que la troupe courrait au grand galop; j'eus les bras et les poignets écorchés, et les cuisses meurtries; le projet de me faire périr ainsi devint si évident, que les gendarmes eux-mêmes furent indignés de la cruauté de leur officier et s'y opposèrent formellement. On me procura un autre cheval, et j'arrivai le soir, sans autre accident, aux cachots de Marans. Le lendemain j'eus pour commander mon escorte, de Marans à la Rochelle, M. de *Willedon*, ancien page de la Reine, et lieutenant de gendarmerie dans cette dernière ville. Mon cortège ce jour là fut d'environ trois cents hommes, tant à pied qu'à cheval; j'eus au reste autant à me louer des politesses et des bons procédés de M. de Villedon, que j'avais eu sujet de me plaindre de ses prédécesseurs. J'étais exténué de fatigue et de souffrances en arrivant à la Rochelle, et ce ne fut pas un médiocre plaisir pour moi, une fois rendu dans la prison, que de m'y voir logé dans une chambre décente, avec un lit très-propre tout prêt à me recevoir. Je n'avais pas fermé l'œil depuis trois jours et deux nuits; aussssi me hâtai-je de me coucher, sans songer à

faire honneur à un excellent dîner qu'on m'a-
vait apporté dans de superbe vaisselle plate ; cet
agréable traitement n'était pas l'effet du hasard.
Des amis m'attendaient depuis deux jours à la
Rochelle, et avaient réussi à me faire préparer
cette surprise. Le lendemain je partis pour Rochefort avec une escorte encore plus forte que celle
qui m'avait conduit à la Rochelle ; mais pendant
ces deux jours, je n'eus pas le désagrément d'être
enchaîné ni emmenotté.

En arrivant à Rochefort, je fus conduit directement à la prison dite de *Saint-Maurice*, où le
préfet maritime m'avait fait préparer le cachot le
plus insalubre de la prison, et j'y fus mis au secret
le plus rigoureux. On était alors dans le mois d'août,
c'est-à-dire à l'époque où la canicule exerce le plus
cruellement ses ravages contre les malheureux
habitans de cette ville. Pendant toute la route
j'avais eu le soleil directement en face ; là peau de
mon visage était toute soulevée par des vessies de
brûlure, et douze jours après je tombai dange-
reusement malade. J'eus beaucoup de peine à obtenir d'être envoyé à l'hôpital de marine : le préfet n'y consentit que lorsqu'il me crut prêt à mourir.
J'y fus logé dans une chambre dont les fenêtres
étaient grillées : deux gendarmes me gardaient à
vue nuit et jour ; et en dehors de la porte on avait
placé un poste extraordinaire de quatre soldats et

un caporal. Les soins que me prodiguèrent à l'envi les officiers de santé et entre autres M. *Tardy*, médecin en chef, et les bonnes sœurs de l'hôpital, ne me furent pas inutiles. Mais à peine le préfet fut-il informé que je ne mourrais pas de cette maladie, que, sans égard à ce que j'étais encore malade et alité, il me fit enlever et reporter dans mon cachot. La cause première de ma maladie tenant entièrement à la localité, je ne tardai pas à me retrouver plus mal que jamais. Aussi les seize mois de ma captivité à Rochefort furent-ils une alternative continuelle de voyages de l'hôpital au cachot.

Quelques mois après mon arrivée, une cour martiale sans jury fut convoquée à Rochefort. Ce tribunal illégal et monstrueux, dont les annales de la marine n'offraient aucun exemple, ôsa casser la décision très-légale du jury de Brest, sur laquelle, dans aucun cas, il ne pouvait avoir de droit. Il ne s'agit pas ici du fond de l'affaire, il n'en était plus question alors à Rochefort, mais seulement des formes juridiques, que l'on s'est amusé à violer sans utilité dans cette affaire, où Buonaparte et ses agens se sont conduits d'une manière si outrageante pour la marine française. Je protestai formellement, tant verbalement que par écrit, contre le travail de cette cour martiale bâtarde; mais elle avait des ordres positifs du tyran, et elle préféra

obéir à la crainte plutôt qu'à la loi et à la justice
de tous les tems et de tous les pays. En conséquence, elle passa outre, et décida qu'une nouvelle cour martiale, avec son jury, serait convoquée à Rochefort, pour recommencer entièrement
ma procédure. Un homme vint s'offrir à me servir
d'avocat, et j'en avais grand besoin, n'étant plus,
comme à Brest, entouré d'amis, me trouvant
gardé au secret le plus rigoureux, et craignant que
l'état de ma santé ne me laissât pas la force de me
défendre moi-même. Cet homme avait été accusateur public pendant la terreur, et avait été des-
titué à cause de ses opinions. Désirant obtenir
quelque emploi sous le gouvernement de Buonaparte, il s'était chargé de faire cette démarche
auprès de moi, afin de me perdre plus sûrement,
et m'empêcher d'accepter un avocat honnête
qui eût pris sincèrement intérêt à ma cause,
comme avait fait le respectable M. Duval Legris à
Brest. Aussi, lorsque je parus devant la seconde
cour martiale qui devait recommencer la procédure, cet homme, qui m'avait assuré que ma défense était prête et que je ne devais m'inquiéter
de rien, ne parut pas au tribunal.

Il était dit que dans cette affaire aucun principe
ne serait respecté; je dus me présenter devant un
tribunal incompétent, pour être jugé une seconde
fois pour un même fait, quoique depuis la fin de

l'instruction de cette seconde procédure, jusqu'au jour où le jugement eut lieu, il se soit écoulé plusieurs mois. Le Préfet maritime, au mépris de toute justice, ordonna que je fusse toujours tenu au secret, privé de ces communications indispensables, et qui ne se refusent jamais à un accusé; enfin le tribunal se permit de me juger, quoique je fusse très-malade, sans que j'eusse un avocat et sans m'en donner un d'office, ainsi que l'ordonnent les lois sur les cours martiales. Pour me conduire au tribunal, on fut obligé de me tirer du grabat où j'étais retenu dans mon cachot, depuis huit jours, par une fièvre violente et continuelle. Réduit à mes seules ressources, le désespoir me donna de la force; je bus d'un seul trait le tiers d'une bouteille d'eau de coing, dont l'effet fut de refouler ma fièvre.

Arrivé devant la cour martiale, j'improvisai moi-même ma défense. Je commençai par demander aux membres de ce tribunal qui ils étaient et ce qu'ils voulaient de moi; et sur leur réponse, je commençai, ainsi que la première fois à Rochefort, par prouver l'illégalité monstrueuse de ce que la cour martiale allait faire; son incompétence pour juger une seconde fois, pour le même fait, une personne acquittée par une autre cour martiale, souveraine et sans appel comme elle, et je protestai d'avance contre tout ce qu'on allait faire. Comme

je n'avançais rien sans produire à mesure les articles
de la loi qui prouvaient mes assertions, le président
de la cour martiale, M. *Guillotin*, chef militaire,
me dit: « *je sais bien que vous avez raison ; mais la*
» *cour est forcée d'agir ainsi par des ordres supé-*
» *rieurs.* » Le greffier refusa de prendre acte comme
je l'en requis de cette curieuse réponse, après laquelle je n'avais rien de favorable à attendre d'un
tribunal qui avouait être forcé. Sur le refus du
greffier, je pris à témoin plus de quatre cents spec-
tateurs, que je priai de se ressouvenir de ce terri-
ble aveu. Buonaparte avait en effet envoyé par le
grand-juge, à la cour martiale de Rochefort, l'ordre
de me juger et *de me condamner.* J'ai lu cette lettre
affreuse, et elle est déposée au greffe de ce tribunal. L'audition des témoins et les débats durèrent
depuis sept heures du matin, jusqu'à cinq heures
de l'après-midi. A midi environ, MM. les officiers
de l'état-major de la marine, dont le chef était
M. *de Lapalisse*, essayèrent de me faire prendre
quelque nourriture, dont on supposait que j'avais
grand besoin ; mais j'étais trop mal pour pouvoir
profiter de leur obligeante attention ; je me con-
tentai d'un grand verre d'eau de coing, ce qui
me donna la force de tenir bon jusqu'à la fin
de la séance. A cinq heures, les débats étant
clos, je fus ramené dans mon cachot. Pendant le chemin, un drôle, que j'ai appris depuis

lors être un commis surnuméraire de l'administration, eut la bassesse de m'insulter, disant qu'il
comptait avoir le plaisir de me voir fusiller dans
les vingt-quatre heures. Des soldats de marine, qui
se trouvaient présent, tombèrent à grands coups
de bâton sur ce misérable. Au reste, il n'était pas
très-sûr pour moi que sa prophétie ne serait pas
accomplie ; mais j'avais déjà tant souffert, que
j'étais devenu presque indifférent au résultat que
pouvait avoir cette affaire.

Je fus à peine rentré dans mon cachot, que je
me jetai sur mon grabat, et tombai dans un profond assoupissement jusqu'à dix heures et demie
du soir, que le greffier de la cour martiale vint
m'annoncer que j'étais condamné à la simple, *déportation*, c'est-à-dire au bannissement hors de
France. Autant valait pour moi avoir été acquitté,
puisque dans ce cas là je me fusse hâté de me dé-
porter moi-même. Cette nouvelle me fit plaisir,
et je dois ajouter qu'elle en fit aussi beaucoup à
la marine de Rochefort qui était indignée de la
conduite que l'on tenait à mon égard. Les jurés
de Rochefort, effrayés par ce qui était arrivé à
ceux de Brest, et par les menaces qu'on leur avait
faites à eux-mêmes, consentirent à me déclarer
convaincu. Néanmoins il eurent assez de courage
pour ajouter qu'il n'était pas prouvé que j'eusse
agi pour le compte des ennemis extérieurs de

France, et il en fallait beaucoup à cette époque
pour agir ainsi. En conséquence de cette décision
mitigée du jury, les juges, qui voulaient me sauver sans se compromettre, s'arrangèrent entre eux
pour qu'un des trois seulement prononçât la peine
de mort, tandis que les deux autres me condam-
neraient à la déportation. Comme dans les cours
martiales il fallait l'unanimité pour la mort, et que
l'avis le plus doux devait l'emporter, n'y eut-il eu
qu'un contre deux, je n'avais rien à craindre de
cette sentence, où sur trois voix j'en avais eu deux
en ma faveur. C'est surtout à M. le capitaine de
vaisseau *Polony* que je dois la vie dans cette occasion, par le courage avec lequel il a pris mes
intérêts.

Après cette horrible comédie anti-judiciaire,
destinée à satisfaire la rage aveugle du tyran, et
qui n'avait servi qu'à prouver le peu d'influence
qu'il avait sur les officiers de marine et à exciter
la haine générale contre lui, je fus un peu moins
maltraité pendant quelque tems en prison. J'obtins
un lit hors du cachot; mais je restai toujours privé
de communication au - dehors. Jusqu'à l'époque
de mon départ de Brest , Son Altesse Royale
Monsieur avait eu la bonté de me faire fournir
par M. Dutheil les fonds nécessaires à mon entre-
tien , et par ce moyen, j'avais souvent adouci les
vexations que Buonaparte ordonnait contre moi à

ses satellites. Il n'en avait plus été de même après
mon transfèrement à Rochefort, où j'avais été ame-
né précipitamment et où l'on prit les plus grands
soins pour me priver de toute communication avec
d'autres personnes que mes bourreaux. Je ne tardai donc pas à y éprouver toutes les horreurs de
la misère, n'ayant aucun traitement comme prisonnier; ce qui, joint à ma dure captivité et à l'état
continuel de maladie dans lequel j'étais, ne ren-
dait pas mon sort digne d'envie. Une seule chose
servait à soutenir mon courage : c'était l'espoir de
me voir bientôt mis hors du royaume, en vertu de
la décision forcée des officiers de Rochefort. Buonaparte, enragé de ce que je n'avais pas été condamné à mort, voulait faire recommencer une troisième fois ma procédure. On lui fit entendre qu'en
pareil cas, Machiavel eût conseillé de ne pas prolonger et augmenter le scandale et l'indignation
publique, quand il était si aisé de se défaire de moi
sans bruit.

Après seize mois de martyre, à Rochefort, où le
préfet maritime me fit éprouver toutes les indi-
gnités, toutes les viles tortures qu'un agent de la
tyrannie sait inventer pour flatter son odieux maître, on m'annonça que le prétendu jugement de
Rochefort allait être mis à exécution. Je vis arriver à ma prison M. de Willedon, ce lieutenant
de gendarmerie de la Rochelle, dont j'avais eu à

me louer dans mon transfèrement de Brest à Rochefort, et qui était chargé de me conduire lui-
même, cette fois-ci, jusqu'à la frontière d'Espagne,
où l'on m'assurait que j'allais être transporté. Il
était porteur à cet effet d'un ordre et d'une lettre
très-forte de recommandation du grand-juge, parce
depuis que j'étais parti de Brest, le ministère de
la police avait été supprimé, et celui de la justice
en faisait les fonctions. On avait ordonné à M. de
Willedon de prendre toutes les précautions nécessaires pour que ce voyage fût aussi commode
pour moi, que les précédens avaient été pénibles.
Il était enjoint à cet officier, ainsi qu'à un brigadier
de gendarmes qui devait l'accompagner, d'être
vêtus en bourgeois et sans armes; la route devait
se faire dans une bonne berline, et être aussi ra-
pide ou aussi lente que ma santé le permettrait, et
toutes les dépenses devaient se payer sur mémoire.
Telles étaient les instructions qu'avait reçu M. de
Willedon, et dont il me fit part. J'aurais dû me
défier de tout ce grand appareil d'égards et de po-
litesse, en me tirant tout-à-coup du cachot le plus
rigoureux, (la guerre ayant recommencée avec l'Angleterre par la rupture du traité d'Amiens, j'avais
été remis au cachot, et plus sévèrement traité
que jamais.) Ce que l'on faisait pour moi dans ce
moment était dans le fait pour appaiser les honnêtes gens de la marine de Rochefort, qui mur-

muraient hautement de la cruauté avec laquelle j'étais traité. Aussi, pendant les vingt-quatre heures qui précédèrent mon départ, il me fut permis, pour la premiere fois, de communiquer librement avec tous ceux qui voulurent me venir voir.

M. de Willedon ne démentit pas pendant tout le chemin le caractère obligeant et sensible dont il m'avait donné des preuves à notre première rencontre. Notre route fut aussi agréable qu'elle pouvait l'être, et je suis intimement persuadé que cet officier était le premier trompé sur le vrai but de mon voyage; autrement, dans sa position, la prudence eût exigé plus de précautions qu'il n'en prît pour me garder. En arrivant à *Lourdes*, petite ville située entre Baréges et Bagnères, mon conducteur me dit que nous étions à la frontière, et que le commandant du château, entre les mains duquel il m'allait remettre, me ferait sans doute passer en Espagne le lendemain. Je fus très-fâché de n'en pas finir de suite, et la vue de ce château me paraissait de mauvais augure. C'est un amas de mâsures entassées sans ordre sur un rocher qui domine la petite capitale du Lavedan, et qui est à son tour dominé par les montagnes qui sont de l'autre côté du torrent du Gâve. Ce château n'a jamais dû être d'une bien grande défense, même dans le tems où l'artillerie était inconnue ; et dans ces tems-ci, il ne peut être d'aucune espèce d'utilité. Une grosse vilaine tour carrée, avec des murs de onze pieds d'épaisseur, s'élève à l'angle de la barraque décorée du nom de Gouvernement.

Je me rendis, avec M. de Willedon, au château, où nous nous adressâmes à un lieutenant d'invalides, le premier et le second commandant étant absens dans ce moment-là. Mon conducteur remit ses dépêches à cet officier, auquel il me recommanda vivement, et nous nous séparâmes avec peine; il ne se passa rien, ce jour-là, au château de Lourdes, qui put affaiblir mon espoir d'être mis le lendemain en liberté hors de France. On me donna une des chambres du Gouvernement, et je soupai amicalement avec le lieutenant, qui avait envoyé, par un exprès, au commandant, les dépêches que M. de Willedon lui avait données. Dès le point du jour, le lendemain matin, j'attendais avec impatience l'avis de me remettre en route, lorsque je vis entrer dans ma chambre le lieutenant avec plusieurs soldats armés; il me dit que c'était à regret qu'il se voyait forcé de me conduire dans le donjon, mais que tels étaient les ordres envoyés de Paris : il ajouta, de plus, que je devais y être au secret. J'eus beau me récrier contre la perfidie et l'atrocité d'une pareille mesure que rien ne pouvait motiver, je fus enfermé dans un cachot humide, voûté, inhabité depuis quinze à vingt ans, et qui, depuis cette

4

époque, n'était visité que par des hiboux et des chauves-souris. La tradition prétend que cette tour fut construite par l'ordre d'une reine de Navarre, qui y fit d'abord enfermer son fils qui était le roi légitime, et finit par l'y faire étrangler, pour régner à sa place.

Dès que j'eus reconnu les localités autant qu'il m'était possible, je songeai au moyen de recouvrer ma liberté. Je reçus, à cette époque, quelque argent de ma famille : je résolus d'en profiter pour me tirer d'affaire. Je commençai par gagner un soldat avec des présens et des promesses, et je le décidai à s'enfuir avec moi. Il ne fallait, pour cela, qu'escalader un rocher de trente à quarante pieds. Je déchirai mes draps, et aidé du soldat, je fis la corde nécessaire à cet usage. Le jour convenu pour l'évasion, cet homme monta exprès la garde pour un autre, parce que je ne pouvais sortir du donjon qu'au moment où il serait en faction pendant la nuit, à la cloche qui était au pied de la tour; mais au moyen de quelque argent que je lui avais donné, il s'énivra si complettement, qu'on le fit mettre au cachot après l'avoir fait remplacer au poste. Etant sorti de prison quelques jours après, je lui reprochai sa faute et lui recommandai d'être plus sobre à l'avenir, ce qu'il me promit, et nous fixâmes une autre époque pour notre fuite. Ce jour là il se trouvait de garde pour son propre compte,

ce qui ne l'empêcha pas de faire la même faute
que la première fois, et de se faire remettre au
cachot. Je vis alors que j'avais affaire à un misérable dont je ne pouvais espérer de tirer aucun
parti ; pour me débarrasser de lui, je lui donnai
un écu de six francs, en lui disant que j'avais entièrement renoncé à mon projet. Ce coquin fit
aussitôt appeler à son cachot le vieux lieutenant,
et lui dit que j'avais voulu le séduire, pour
qu'il facilitât ma fuite ; que j'avais déchiré mes draps
pour en faire une corde, et en même tems il lui
remit pour preuve de sa dénonciation l'écu que
je lui avais donné. On vint faire de suite la visite
chez moi ; et l'on trouva en effet la corde de draps
cachée dans mon lit. Heureusement pour moi, le
second commandant était pour lors au château ;
c'était M. le chevalier *Dauzat*, actuellement mem-
bre de la Chambre des députés : j'ai eu, en général, beaucoup à me louer de ses procédés, bien
différens de ceux du commandant en chef. M. Dauzat vint me trouver, et je lui contai tout bonne-
ment la vérité, qui ne fut pas difficile à prouver,
et mon accusateur, au lieu de la récompense qu'il
attendait, ne gagna que huit jours de plus de prison.

Je ne me rebutai pas pour un mauvais succès,
et ayant découvert, quelque tems après, que la
chambre au-dessus de la mienne n'était pas fermée

pendant la nuit, je me mis à travailler à faire un trou dans la voûte, qui était de brique. Cet ouvrage, qui était long et difficile à exécuter, faute d'outils, réussit néanmoins assez bien d'abord ; mais dès que j'eus détaché trois ou quatre briques de la voûte, toutes les autres s'écroulèrent avec fracas dans ma chambre, et me renversèrent en bas de l'échafaudage que j'avais fait avec une table et une chaise. J'en fus, au reste, quitte pour quelques contusions qui n'eurent pas de suites, et pour la perte de mes peines ; on était alors au milieu de la nuit, et le bruit de cette chûte retentit violemment dans les autres voûtes de la tour. L'alarme fut donnée sur-le-champ dans le château, et la garde entra chez moi avec précipitation ; mais au lieu d'attendre des reproches ou même des insultes, comme on y eût peut-être été assez disposé, ce fut moi-même qui me plaignis hautement. Aussitôt après la chûte de la voûte, me doutant bien qu'on allait venir chez moi, j'avais jeté par ma fenêtre, dans les broussailles du rocher escarpé qui servait de rempart au château de ce côté-là, une vieille bayonnette que j'avais achetée quelque tems auparavant d'un soldat, et qui m'avait servie à faire mon effraction. Je me mis ensuite à crier au secours par la fenêtre ; et quand on arriva, je me plaignis très-vivement d'avoir été exposé à périr en logeant sous une voûte pourrie, dont la

chûte m'avait blessé. On me fit des excuses, et
je fus logé dans une autre chambre de la tour. Le
lendemain, le dégât fut examiné par le lieutenant
du génie M. *Valez*, et le garde-magasin M. *Benoit*,
qui appuyèrent ma déclaration, dont ils n'étaient
certainement pas les dupes. Je dois ici un tribut
de reconnaissance à M. Benoit et à son obligeante
famille, pour la bonté avec laquelle tous se sont
empressés d'adoucir l'ennui de ma position pendant ma longue détention à Lourdes.

Quelle que fût la sévérité des ordres de Buonaparte à mon égard, je n'eusse cependant pas été
très-malheureux sans le commandant en chef, espèce de fou qui s'efforçait d'imiter le ton des anciens recruteurs du quai de la Féraille. Heureusement pour moi, il ne venait pas souvent au château ;
car, à chaque visite qu'il y faisait, j'éprouvais quelque changement pénible dans ma manière d'être ;
c'étaient sans cesse de nouvelles consignes, et il
m'a rendu aussi malheureux qu'il a dépendu de lui.
Il s'en fallait de beaucoup, au reste, que tout le
monde partageât ses dispositions à me vexer, il
eut en effet été bien étonnant qu'un fidèle et malheureux serviteur du Roi n'eût pas trouvé des amis
dans la patrie de Henri IV. Pour m'ôter cette res-
source, le gouvernement usurpateur eut l'indignité
de faire insérer, dans un des Moniteurs de 1804,
une lettre que l'on prétendait que j'avais écrite au

ministre de la justice, dans laquelle j'annonçais une opinion opposée à celle que j'ai professée toute ma vie. Cette lettre n'était ni de mon style ni selon ma manière d'écrire, qui n'est, je pense, pas aussi bête que celle que l'on me prêtait dans cette lettre supposée. Les agens de Buonaparte gâtèrent même leur malice, par excès de zèle : en publiant cette lettre d'un ton de triomphe, on y ajoutait contre moi des injures et des calomnies qu'on se serait bien gardé d'y mettre, si elle eut été vraie. Il y était dit entre autres choses, que j'avais été chargé d'incendier le port de Brest; une pareille horreur eut bien été digne des satellites de Buonaparte; mais dans mon acte d'accusation et dans mes deux procédures, il n'avait jamais été question d'aucune action qui ne s'accordat avec le devoir d'un militaire, qui sert honorablement son prince légitime. Aussi, attendit-on, pour publier cette lettre, que je fusse enterré tout vivant dans un cachot au milieu des Pyrennées. La nouvelle m'en parvint cependant quelque tems après, quoique je fusse au secret, et j'écrivis au rédacteur pour dénier d'avoir jamais écrit une semblable épître; j'ai entre les mains celle que j'adressai à peu près dans ce tems-là au grand-juge, et c'est la seule qu'il ait eu de moi; elle m'a été rendue par la police générale avec mes autres papiers, depuis la restauration de la monarchie : il

n'y est question que de la demande que je faisais
d'être envoyé hors de France ; elle est enregistrée
à la police, n°. 5588, et l'apostille notée en marge ,
police secrette est *rien à changer.* Je me ferai
un vrai plaisir de produire cette pièce à quiconque
désirera la voir.

Cette perfidie manqua son but auprès de ceux
qui me connaissaient, et qui en reconnurent de
suite la fausseté ; mais ma réclamation, pour la
faire contredire dans le Moniteur, fut cause
qu'on envoya l'ordre de me resserrer plus que jamais et de me priver de papier, plumes, encre,
et livres. J'avais servi autrefois avec le baron
d'Imbert, officier supérieur de marine, qui depuis
avait opéré le mouvement qui eut lieu à Toulon
en 1793, en faveur de la monarchie. Depuis lors,
j'avais été en rapport avec lui en plusieurs autres
occasions, et nous avions conservé autant que
nous avions pu, des relations de services et d'amitié ;
elles avaient été forcément interrompues à Rochefort ; mais quand il apprit que j'étais trans-
féré au château de Lourdes, il ne désespéra pas
de m'en tirer. A cette époque il habitait Londres,
et était chargé d'une correspondance royale en
France. Feu le chevalier *de Laà*, mon camarade
et mon ami, avec lequel j'avais fait la campagne
de Lord *Hood*, à bord de la frégate la *Perle*,
était un des officiers attachés à la correspondance

du Baron d'Imbert. Ce dernier le chargea d'aller reconnaître les localités, et préparer les voies pour mon évasion : personne n'était plus propre à cette opération que le chevalier de Laà, qui était né en Béarn, à peu de distance de Lourdes, et qui joignait à son amitié pour moi, une intelligence et une activité rare (1).

Les tentatives que fit le chevalier de Laà en ma faveur, n'eurent pas alors un succès complet, par l'effet d'un maladroit quiproquo que fit M. *Chiguet*, maître de poste de l'Estelle de Betharam, à trois lieues de Lourdes. Ce brave homme, plein de bonne volonté, s'était chargé de me faire passer de l'argent et des outils dans ma tour, et de me fournir ensuite un passeport et une chaise de poste pour aller en Espagne. Il chercha à se procurer des intelligences dans le château; mais ayant été trahi par la personne à qui il s'était adressé, le préfet de Pau le fit mander chez lui, et il eut assez de peine à donner un explication plausible, de la confidence qu'il avait imprudemment faite. Quelque tems après deux prisonniers d'état furent envoyés de Paris à Lourdes, et le capitaine

(1) Il est mort, il y a sept ans, à Paris, victime de son zèle pour le service du Roi. L'opinion publique accuse un des principaux banquiers de cette ville de l'avoir dénoncé à la police, ainsi que deux autres officiers royalistes, MM. Dubuc et Rossolin.

de gendarmerie qui les escortait leur fit prendre la route qui passait à Pau et au bourg de l'Estelle de Betharam. Cet officier avait une figure distinguée et intéressante, tandis qu'un de ses prisonniers d'état, qui avait le grade de major, avait l'extérieur le plus ignoble et le plus repoussant. Quand ce cortège arriva à l'Estelle, le pauvre maître de poste Chiguet ayant la simplicité de vouloir distinguer les gens à la mine, prit le capitaine de gendarmerie pour le major, prisonnier d'état. Il lui confia tous ses projets relativement à moi, dont il le pria de me faire part. Le capitaine promit tout ce qu'il voulut, et se hâta de faire partir ses prisonniers pour Lourdes, où en arrivant, il dénonça les propositions et déclarations de Chiguet.

Dans ce moment là, je faisais un tour de promenade, sans me douter de ce qui se passait; lorsque le commandant me fit ramener précipitamment dans mon cachot par la garde, avec défense de me laisser promener à l'avenir. En même tems on envoya arrêter Chiguet, qui fut conduit aux prisons de Pau; il y resta plus d'un mois avant que d'être relâché. L'ordre vint, quelque tems après, de Paris pour faire transférer au château d'If, près de Marseille, tous les autres prisonniers d'état qui étaient au château de Lourdes, afin que le commandant n'ayant plus que moi à garder, pût sans obs-

tacle y donner toute sa surveillance. On employa
en même tems un grand nombre d'ouvriers à ren-
forcer le donjon, où Buonaparte avait décidé
que je finirais mes jours. Non content de ses cachots, de ses grilles et de ses verroux, le commandant ordonna que toutes les quatre heures
pendant le jour, et toutes les deux heures pendant la nuit, un caporal et deux hommes de
garde vinssent visiter mes barreaux, examiner la
chambre, et s'assurer que je ne faisais aucune
tentative d'évasion. Cet ordre, fruit d'un excès
de précaution, dont l'effet réel fut de m'empêcher de dormir pendant la nuit, me procura l'a-
vantage de me mettre en liaison avec les soldats
de la garnison, jeunes conscrits sortant de chez
leurs parens, et qui n'avaient pas été assez long-
tems à l'école du crime, pour avoir perdu tous
sentimens d'humanité et d'honneur.

D'un autre côté mon épouse qui était en ville,
et avec laquelle, malgré les défenses du commandant, je me procurais les moyens de communiquer de tems en tems, parvint à gagner quelques-
uns des ouvriers employés à travailler dans ma
tour. Nous nous concertames pour mon évasion;
elle me procura de l'opium, destiné à endormir
mes gardes quand il en serait tems; les ouvriers
fabriquèrent les fausses clefs nécessaires pour parvenir jusqu'à moi, et nous résolumes d'en profiter

pour ma fuite, dès la première nuit de pluie. Depuis quelques mois j'avais accoutumé les soldats
à boire un petit verre de liqueur, ou d'eau-de-vie,
chaque fois qu'ils venaient la nuit dans ma chambre
et ils en avaient si bien pris l'habitude, qu'ils re-
gardaient cela comme une rente obligée. Le dix-
huit octobre 1806, était un jour de grande foire
à Lourdes ; le maire de la ville, curieux de se pa-
vaner devant les paysans des montagnes, au milieu d'une troupe de soldats, avait demandé
qu'on lui accordât, pour ce jour, la garnison du
château, ce qu'il obtint, à la réserve des hommes
de garde ; le tems était affreux, la pluie tombait
à torrent, les soldats ne pouvant rester à découvert sur la place, passèrent la journée au cabaret
et s'y énivrèrent complètement. Mon épouse m'envoya sur ces entrefaites un des ouvriers qu'elle avait
gagné, et qui vint dans ma tour, sous le prétexte de
prendre ses outils, mais dans le fait, pour me prévenir que ce serait à minuit que l'on viendrait me
délivrer, et que j'eusse à mettre la garde hors d'é-
tat de s'y opposer. Je fis alors venir le caporal
qui devait monter la garde à midi, et lui donnant l'argent nécessaire : je lui dis qu'ennuyé
de n'avoir que de l'eau-de-vie, je le chargeais de
m'acheter à la foire une bouteille de liqueur fine,
que nous entamerions lors des rondes de nuit. Cet
homme ne manqua pas d'exécuter ma commis-

sion , et il m'apporta une bouteille bien bouchée,
et couverte d'une coiffe de parchemin ; j'avais depuis plusieurs jours , fait dissoudre de l'opium
dans de l'eau-de-vie, en calculant que cette quantité ne donnât que trois grains d'opium, par petit
verre de liqueur sur une bouteille. A peine le
caporal fut-il sorti de ma chambre, que je mouil-
lai la coiffe de parchemin de la bouteille, et après
l'avoir ôtée, je débouchai et je retirai une certaine quantité de liqueur, que je remplaçai par
une dissolution d'opium, et j'agitai bien le tout
pour le mêler. La liqueur qui en résulta était un
peu moins sucrée qu'auparavant, et le goût de
l'opium, corrigé par celui du sucre, imitait celui
des amendes amères; je rebouchai la bouteille
bien exactement, telle qu'elle l'était quand on
me l'avait apportée, et je la remis à la même place
que le caporal l'avait laissée.

A dix heures du soir, époque de ma première
visite de nuit, j'étais déjà couché, lorsque le caporal entra suivi de ses deux soldats. La liqueur
ne fut pas oubliée, chacun en prit deux petits
verres; seulement, quand ce vint à mon tour, je
feignis de boire et je laissai tomber la liqueur
dans mon lit : « il ne serait pas juste, dis-je ensuite,
que la sentinelle et l'autre homme de garde n'en
goûtassent pas aussi. » Le caporal trouva que j'avais
très-raison, et envoya ses deux hommes relever

les autres qui étaient en bas, et qui vinrent aussi
prendre leur dose de six grains d'opium, après
quoi ils se retirèrent tous très-contens. Il y avait
au pied de la tour, à côté de la guérite, une
grosse cloche sur laquelle la sentinelle répétait
l'heure, l'opium n'avait pas encore produit son
effet : à onze heures personne ne frappa la cloche
et je me hâtai de me réhabiller, pour être tout
prêt à partir quand mes libérateurs viendraient.
A minuit, même silence à la cloche; tout le
monde excepté moi, était profondément endormi
dans le château; il n'avait cessé depuis le matin
de tomber de la pluie par torrent, accompagnée
du vent le plus violent. Bientôt après j'entendis
des clefs remuer dans la serrure du bas de la
tour; je pensai d'abord que ce pouvait être la
garde qui venait faire sa seconde ronde de nuit;
mais je fus bientôt désabusé par la lenteur et le
tatonnement que l'on mettait à ouvrir cette porte,
et j'éprouvai pendant quelques tems des angoisses
inexprimables, dans la crainte que le bruit que
faisaient mes amis en s'efforçant de crocheter la
serrure, ne vint à donner l'alarme dans le château. Ils avaient dû escalader les palissades exté-
rieures, un premier mur, gravir le rocher, en-
foncer la porte de secours, et ouvrir ensuite les
serrures pour parvenir jusqu'à moi. Le château
de Lourdes est place frontière; s'ils eussent été

pris en flagrant délit, ils eussent tous été fusillés
sur-le-champ. Cette idée et les difficultés qu'ils ren-
contrèrent à l'exécution de leur projet, le leur
eut fait abandonner, si mon épouse habillée en
homme, n'eut continuellement excité leur courage. Timide comme une colombe en toute occasion, elle avait trouvé pour me sauver un courage
surnaturel.

Enfin, après six ans de captivité, de vexations
et de cruautés de tout genre, les portes de ma
prison furent ouvertes ! Nous nous hâtames de
fuir du château, sans nous donner la peine d'en
refermer les portes; et mes libérateurs me conduisirent à une lieue de Lourdes, sur la route de
Pau; là, je me séparai de mon épouse et des
braves gens qui l'avaient aidée. Elle avait si bien
pris ses précautions, que malgré les violens soup-
çons que l'on avait contre elle, dans les re-
cherches rigoureuses que l'on fit le lendemain et
jours suivans, pour découvrir les auteurs et com-
plices de mon évasion, il n'y cut de compromis
que de pauvres diables qui en étaient bien innocens. Il eut été à souhaiter qu'elle eut toujours
eu le même bonheur; mais elle ne devait pas
échapper à la rage de Buonaparte. Plusieurs mois
après je lui fis porter une lettre par des personnes
sûres, avec lesquelles je pouvais correspondre
sans danger. Ces personnes crurent devoir, par

prudence, ne se rendre que de nuit chez elle,
dont la maison n'avait cessé d'être entourée
d'espions de jour et de nuit. A peine les porteurs
de ma lettre furent-ils entrés, que la maison
fut assaillie et entourée par des gendarmes
qui forcèrent la porte, arrêtèrent mon épouse et
les commissionnaires, et les conduisirent en prison. Ma lettre fut trouvée, mais elle ne contenait
rien qui put compromettre personne; j'avançais que
j'étais hors de France, le reste était des assurances
d'amitié. Malgré cela, mon épouses et mes deux
amis ont dû languir long-tems dans les cachots,
en butte à toutes sortes de persécutions.

Lorsque je fus seul, je hâtai ma marche pour
arriver à l'Estelle, où j'étais sûr que *Chiguet* me
faciliterait les moyens de passer en Espagne, car
je ne pouvais songer à me cacher chez lui, sa maison devant être sans doute le premier point où l'on
dirigerait les poursuites contre moi. C'est ce que
je lui dis en arrivant à l'Estelle, après avoir cent
fois pensé périr en chemin, tant il était difficile de
distinguer la route d'avec le torrent du Gave,
sur les rives duquel elle passe jusqu'à Bayonne.
D'après cette observation, le brave Chiguet me
conduisit dans une maison du village, où il y avait
une cachette qui, depuis le commencement de la
révolution, avait servi à mettre à l'abri des fureurs
jacobines, les ecclésiastiques fidèles à leur devoir,

Tout cela était achevé avant le point du jour, et comme j'étais exténué de fatigue, je me couchai et m'endormis profondément jusqu'à onze heures du matin. Je fus alors réveillé par un vacarme infernal, qui avait lieu dans le bourg; les cloches sonnaient le tocsin, les tambours battaient la générale, chacun courait aux armes. Je restai long-tems sans être certain du motif de tout ce bruit, dont je me doutais cependant bien d'être la cause, ce qui était vrai. Une colonne de troupes de ligne, de gendarmes, de gardes nationales, champêtres, forestiers et douaniers, venaient fouiller le bourg, et faire prendre les armes aux habitans pour les envoyer à leur tour fouiller les villages environnans. Ayant achevé une longue et sévère visite, les troupes continuèrent leur route sur Pau, après avoir arrêté le maître de poste Chiguet, et un de ses postillons qui ne m'avait jamais vu.

A dix heures du soir, cette troupe ayant fait une fausse marche, retomba tout-à-coup sur l'Estelle, et recommença une fouille générale plus sévère encore que la première, mais qui n'eut pas un meilleur succès. Néanmoins mon hôte s'effraya de cet appareil, et de l'acharnement que l'on montrait contre moi; on promettait douze mille francs de récompense à qui me livrerait vif ou mort, et on menaçait de dix ans de galère, quiconque me cacherait, ou faciliterait ma fuite. Mon hôte n'était

pas un coquin; c'était seulement un poltron, et le
seul service qu'il consentit encore à me rendre,
fut de m'accompagner au hameau voisin, où il me
faisait espérer qu'un cultivateur de sa connaissance
voudrait peut-être me donner asile. Il fallut bien
me résigner à entreprendre cette course impru-
dente, pendant laquelle nous manquâmes d'être
pris par les ennemis. La Providence qui jusqu'alors
m'avait protégé d'une manière si miraculeuse, ne
m'abandonna pas dans ce nouveau danger : nous
passames sans accident au milieu des troupes; il
est vrai que j'avais un costume de paysan béarnais
que m'avait procuré le *père Joseph*, respectable
ecclésiastique, célèbre dans ce pays-là, par son zèle
et par les persécutions auxquelles il a été trop
long-tems en butte. Dans ces circonstances, il me
rendit de très-grands services.

Le particulier chez lequel nous allames, est un
cultivateur du hameau de l'Estelle, éloigné d'un
tiers de lieue du bourg de ce nom. Père de cinq enfans, il a peu de fortune; mais il est d'une richess
inépuisable en loyauté pour son Prince, en honneur et en générosité. Quoique d'une condition
où l'éducation est en général peu soignée, il se
trouve, sous ce rapport, au-dessus de son état; il
possède des manières très-civiles, et un jugement
sain et fort juste. Son nom est *Jacques Menou*, il
est devenu pour tous ceux qui le connaissent, sy-

nonime à celui d'honnête homme par excellence.
Par le plus grand hasard, il se trouvait être le frère
du postillon de M. Chiguet, qui avait été arrêté et
emmené enchaîné à Pau, avec son maître. Ce malheureux était pauvre et père d'une nombreuse famille ; Jacques Menou, son aîné, ne m'avait jamais
connu, il ne me devait rien, il n'ignorait pas les ris-
ques qu'il courait en me recevant ; au lieu qu'en me
livrant, il sauvait son frère et recevait une récompense bien capable de tenter un homme moins par-
faitement honnête. Il ne balança pas un instant à
m'accorder hospitalité et protection, et il m'a tenu
parole bien au-delà de ses promesses. Quinze jours
après mon arrivée à l'Estelle, la grande efferves-
cence causée par mon évasion, s'étant un peu cal-
mée, les allertes et les visites domiciliaires deve-
nant moins fréquentes, le brave Menou, pour me
faire plaisir et sans y être sollicité, m'offrit d'aller
à Lourdes donner de mes nouvelles à mon épouse.
Il choisit pour cela un jour de marché, et il se
chargea de plusieurs denrées à vendre : je me gar-
dai bien de lui rien donner par écrit ; ce n'était
pas nécessaire avec un homme aussi intelligent.
Il remplit sa commission de la manière la plus
adroite et la plus satisfaisante, et m'apprit qu'on
ne s'était apperçu de mon évasion, qu'à quatre
heures et demie du matin ; que les premières re-
cherches avaient été chez mon épouse, où l'on

n'avait trouvé aucun indice qui pût la compromettre; que l'on continuait à faire de rigoureuses perquisitions; que Chiguet et Pierre Menou son frère étaient toujours dans les cachots de Tarbes; qu'on avait formé sur la frontière, dans les départemens voisins, un cordon de gendarmes, douaniers et gardes forestiers; qu'on avait arrêté à Bayonne, à Toulouse, à Saragosse, quantité de personnes dont le signalement approchait du mien; qu'après les avoir emmenées enchaînées à Tarbes, et reconnu l'erreur, on les renvoyait avec des injures, par dépit de m'avoir manqué; qu'enfin l'ordre avait été donné que dans le cas où l'on me prendrait, je fusse fusillé sans autre forme de procès.

Ces nouvelles, dont je reçus d'ailleurs la confirmation de plusieurs autres côtés, me forcèrent de prolonger mon séjour en France. Le digne Menou n'était pas le seul qui prit intérêt à moi dans le pays, j'y avais autant de chauds amis qu'il y avait d'habitans. Je dois distinguer entr'autres, *M. Bayle*, bourgeois de l'Estelle, chez lequel j'ai habité un mois, et qui m'a traité avec toutes les attentions délicates que j'eusse pu attendre d'un bon frère. Enfin aux environs des fêtes de Noël, nous apprimes qu'on avait retiré de la frontière le cordon qu'on y avait laissé pendant deux mois et demi, et je me disposai à passer en Espa-

gne. Jacques Menou s'offrit alors d'être mon guide
et il s'arrangea avec des contrebandiers espagnols
qui retournaient dans leur pays ; la route qu'ils
devaient suivre est dangereuse quant aux localités ;
mais dans cette circonstance elle me mettait à
l'abri du plus grand péril que j'eusse à craindre :
celui de tomber entre les mains des satellites de
Buonaparte. Enfin le premier janvier 1807, je pas-
sai les limites, et j'arrivai à *Salliente*, premier
bourg espagnol. Le tyran, au faîte de sa puissance,
n'avait pu venir à bout de moi : pour la troisième
fois j'échappais à sa rage ; il dût bien regretter alors
d'avoir voulu couvrir ma mort de formes juridiques, au lieu de m'avoir fait périr sans cérémonie
comme tant d'autres. Un sot mouvement d'orgueil lui faisait désirer que mes propres camarades me servissent de bourreaux, et c'est ce qui
m'a sauvé la vie. La marine militaire a montré
dans toute mon affaire, un caractère d'autant
plus honorable, que c'est la seule arme de France
qui ait eu le noble courage de résister à la volonté
positive du tyran.

Dans l'ouvrage publié par *Lewis Goldsmith*, malgré l'inexactitude avec laquelle il a écrit ce qui
m'est arrivé à Brest, on voit que Buonaparte se
faisait de ma mort une affaire majeure ; il est très-
heureux pour moi qu'il s'y soit mal pris, car il
était persuadé que tant que je conserverais la vie,

la sienne n'était pas en sûreté. Dans les papiers qui étaient dans le porte-feuille du général Lemercier Lavendée, on avait trouvé une proposition que j'avais faite dans le tems au général Georges, pour le dissuader de mettre à exécution le projet de Saint-Régent et le remplacer. Georges et moi devions nous rendre à Paris, avec chacun quarante hommes affidés et déterminés, munis de passeports comme officiers de tous grades et de toutes armes. Le jour de l'arrivée à Paris eut été la veille de celui d'une grande parade dans le carrousel. Le lendemain, à l'heure de la revue, nous nous serions tous rendus à cheval et bien armés, aux Tuileries, et nous eussions attaqué, tous à-la-fois, l'usurpateur au milieu de ses troupes, qui eussent regardé notre attaque comme un complot formé par les officiers de toute l'armée. Par ce moyen nous étions certains de faire périr Buonaparte ; et comme à cette époque il n'avait pas encore organisé son énorme garde, il était probable qu'à la faveur du désordre qui eut été la suite de cet événement, et au moyen de marques de reconnaissance que nous aurions eu entre nous, nous aurions non seulement sauvé notre vie pour la plupart, mais encore nous eussions poussé la tentative pour nous saisir de l'autorité, aussi loin que les circonstances l'eussent permis. Ce plan qui était accompagné de plusieurs particularités et détails d'exécution, avait plus effrayé Buonaparte qu'aucune des tentatives faites contre lui ; et quoiqu'il ne fut pas écrit de ma main, la police était persuadée ainsi que lui, que j'en étais l'auteur ; d'après cela on peut juger de sa fureur, lorsqu'il apprit mon évasion.

Je partis de Salliente en compagnie avec quelques muletiers qui se rendaient à Saragosse ; j'avais changé à Salliente mon costume de béarnais contre un de paysan espagnol, et j'avais acheté un passeport à l'avenant. Cette manière pénible et très-modeste de voyager, m'empêcha d'être arrêté en Espagne, où Buonaparte jouissait par le moyen de *Godoy*, d'autant d'autorité qu'en France. On avait arrêté à Saragosse, à Lerida et à Jaca, plusieurs Français voyageurs qui me ressemblaient légèrement et on les avait envoyés en France. Quand j'arrivai à Madrid, le danger était encore plus grand pour moi ; j'étais accablé de fatigue par la longue route que je venais de faire, je voyais la fin de mes ressources pécuniaires, et je me trouvais dans une ville où la police française avait autant d'influence et d'activité qu'à Paris. Je savais être connu de réputation par S. E. le baron de Strogonoff, Ambassadeur de Russie, auquel on avait parlé de moi, lors des tentatives antérieures qui avaient été faites pour me délivrer ; mais je n'avais pas sur moi le moindre papier pour prou-

ver que c'était véritablement moi. Je me décidai
cependant à me présenter à l'hôtel de Russie, ras-
suré par la bienveillance avec laquelle, pendant
le cours de la révolution, j'avais été traité par les
ministres de cette nation, toujours prêts à rendre
toute sorte de bons offices aux royalistes français.
Je ne fus pas trompé dans mon espoir : quoiqu'en
haillons et sans aucune preuve pour me faire reconnaître, le baron de Strogonoff m'accueillit avec
toute l'amitié possible, et fut au-devant de tout
ce qui m'était nécessaire, avec une générosité et
une délicatesse qu'aucun terme ne saurait suffi-
samment louer.

En peu de jours je fus rétabli de la fièvre que
m'avaient occasionnée les fatigues de ma route.
Le ministère français, à Madrid, ne tarda pas à
savoir que j'étais à l'hôtel de Russie ; le baron de
Strogonoff en fut prévenu, et pour me mettre en
sûreté, il m'attacha à la légation, en me donnant
un certificat comme son secrétaire particulier.

Quand je dus partir de Madrid, je fus chargé,
en qualité de courrier de cabinet, des dépêches
du baron de Stogonoff; je pris aussi celles de M.
Hunter, commissaire du gouvernement britannique
pour l'échange des prisonniers de guerre. Je partis ensuite pour Lisbonne, dans une bonne berline, tirée par sept mules, et muni de passeports
russes, espagnols, portugais et anglais; j'arrivai

promptement à Lisbone, où je trouvai dans M. le chevalier de Wassilief, ambassadeur russe, la même affabilité et le même désir d'obliger, que j'avais eu le bonheur de rencontrer auparavant chez tous les Russes que j'avais eu occasson de connaître. L'ambassadeur anglais à Lisbonne, lord Strongford, me fit ensuite passer en Angleterre, à bord du paquebot de Falmouth. Je ne tardai pas d'arriver à Londres, où j'obtins de S. A. R. MONSIEUR, un accueil bien digne de me faire oublier les maux que je venais de souffrir.

Tel est le précis exact de ce qui m'est arrivé dans cette mission, dont je me suis tiré d'une manière si miraculeuse, que l'on pourrait la regarder comme un roman, si les faits n'étaient pas tous de notoriété publique ; de plus, les personnes citées dans le cours de ce récit sont existantes, et la plupart se trouvent en ce moment à Paris. On doit bien penser qu'une fois arrivé en Angleterre, je dus m'occuper de faire venir mon épouse auprès de moi. Je multipliai en vain les tentatives à cet effet ; elles furent toutes infructueuses, et j'ai raconté plus haut le malheur que causa une de mes lettres qui fut surprise par l'ennemi. Il y avait quatre ans que j'étais à Londres sans nouvelles de ma femme ni de mon père, lorsque j'appris qu'un parent dont mon frère et moi devions hériter, venait de mourir. Tant de motifs me décidèrent à risquer un voyage sur le Continent ; je pris en conséquence l'agrément de Sa Majesté, et celui de S. A. R. Monsieur, par l'intermédiaire de M. le comte de la Châtre, ministre du Roi à Londres, et par M. Dutheil. Je m'engageai à reconnaître l'esprit public en France, et à rendre compte à mon retour de ce que j'aurais observé qui pourrait être utile à la cause royale. Je comptais n'être absent que trois mois tout au plus, et je quittai Londres le 31 octobre 1810. Le premier novembre, je mis à la voile de Gravesend pour la côte de Hollande ; le 5 je débarquai dans l'île de Schouwen ; le 6 j'arrivai à Roterdam et le 7 à Amsterdam. Il n'y avait pas plus de trois ou quatre heures, que j'étais dans cette capitale, lorsque je fus arrêté par l'ordre du baillif de la ville, qui me livra à la gendarmerie française. J'avais sans doute été vendu par ceux qui m'avaient procuré des passeports français. Le 8, les gendarmes me conduisirent à Bréda ; le 9 j'arrivai à Anvers, où je fus envoyé au couvent des Célites, maison destinée à la garde des fous.

Le 14 novembre, on reçut à Anvers des ordres de Paris, en vertu desquels je fus enchaîné et mis dans la malle du courrier de la poste, escorté par le lieutenant de la gendarmerie de cette ville.

En arrivant à Paris le 16, j'avais le tour du

poignet écorché par mes chaînes; on m'interrogea à la police, puis l'on m'envoya au secret, à la prison de la Force. Il fut heureux pour moi que ma déclaration au sujet de l'héritage que je venais recueillir se trouvât vraie, autrement j'eusse été livré à la commission militaire de Grenelle comme espion. Après avoir été six semaines au secret à la Force, on m'envoya au donjon de Vincennes, d'où je fus transferré le 12 août 1812, au château de Ham en Picardie. Toutes les vexations que j'avais éprouvées dans mes détentions antérieures, étaient à l'eau de rose, en comparaison de ce que j'ai eu à souffrir au château de Ham. Lorsque le général Mallet se prépara à renverser Buonaparte, un de ses amis, qui était mon compagnon d'infortune, me proposa d'aller coopérer à la chûte de l'ennemi commun. J'acceptai avec plaisir, et je m'occupai d'exécuter notre évasion ; en ma qualité d'officier de marine, plus accoutumé qu'un autre, par conséquent, à grimper, à faire des échelles de corde, je me chargeai du travail. Deux murs percés, une échelle de bois de trente pieds, une échelle de corde de soixante-quatorze pieds, une ouverture de deux pieds et demi de diametre dans une porte de chêne de deux pouces d'épaisseur, qu'il fallut percer avec une vrille, n'ayant aucun outil, et surveillé jour et nuit : telles sont les opérations qu'il me fallut exécuter.

Quand tout fut prêt, nous tentâmes l'escalade à trois prisonniers seulement : M. Bazin, homme de lettre et ami du général Mallet, M. Carréga, officier supérieur dans les armées royales du Maine et moi. (1) En qualité d'ancien marin et plus accoutumé à ce genre d'exercice, je descendis le premier par l'échelle de corde, pour montrer à mes camarades comment ils devaient s'y prendre; mais ils ne surent pas profiter de la leçon : M. Bazin, qui descendit le second, lâcha la corde à plus de vingt-cinq pieds de hauteur, et tomba dans le fossé, tête première; heureusement il frappa dans l'herbe. Cependant la commotion fut assez forte pour lui faire perdre connaissance; je réussis à le rappeler à la vie. Après une assez longue hésitation, M. Carréga se hasarda à descendre aussi; mais n'ayant pas mieux suivi mes conseils que son prédécesseur, il s'écorcha la peau des deux mains, et lâchant la corde à plus de quinze pieds, il tomba sur son derrière et s'évanouit. Je lui fis aussi reprendre connaissance, et nous nous mîmes en route pour gagner les bois de Chauny, qui communiquent à ceux de Compiègne.

Nous marchions aussi vîte que nous le pou-

---

(1) Nous proposâmes à M. V^r. Couchery de venir avec nous; le mauvais état de sa santé ne lui permit pas d'accepter.

vions, et nous n'étions qu'à un quart de lieue du
bois, lorsque nous fûmes atteints par les soldats
envoyés à notre poursuite. Sans l'accident arrivé,
lors de leurs descentes, à mes deux camarades,
et le tems que cela nous avait fait perdre, nous
eussions été sauvés. On nous garotta et on nous
ramena au château. Le concierge nous rejoignit
en route; il était furieux contre les soldats, de ce
qu'ils ne nous avaient pas baïonnettés en nous ar-
rêtant, et les excitait à le faire. Le commandant
survint un moment après, et leur donna le même
conseil; mais ces soldats, qui étaient des conscrits
de la garde départementale, se contentèrent de
nous accabler d'injures. Quand nous fûmes arri-
vés au château, on nous mit séparément au cachot,
sur un grabat, sans matelats, ni draps, les fers
aux pieds et aux mains, et au plus rigoureux secret. Comme j'avais été l'acteur principal de cette
évasion, je fus aussi le plus particulièrement en
butte à l'animosité des agens de Buonaparte. Les
mauvais traitemens que j'éprouvai pendant quatorze mois me firent tomber malade; et quand
d'autres prisonniers sollicitaient le commandant de
me tirer du cachot étroit et mal sain où j'étais enfermé, il répondait que *plutôt je mourrais, plutôt
je cesserais de souffrir.*

J'ai tout lieu de croire que si nous avions réussi
à rejoindre le général Mallet, sa tentative aurait

eu un succès bien différent de celui qui en est résulté ; mais aussi nous l'aurions décidé à employer des moyens un peu plus énergiques. Après avoir long-tems souffert de la rage de mes ennemis, l'entrée en France des troupes alliées nous fit enfin espérer un terme à nos maux. Nous nous attendions d'un jour à l'autre d'être délivrés par les troupes russes, lorsque les cerbères de Buonaparte nous firent enlever au milieu de la nuit, le 12 février 1814, et nous plaçant sur des charrettes escortées par des gendarmes, nous conduisirent en divers endroits où ils espéraient pouvoir nous torturer quelques jours de plus. Je fus au nombre de ceux que l'on envoya à Rouen ; et enfin, cette ville ayant reconnu l'autorité royale le 9 avril dernier, nous fûmes mis en liberté. J'ai tellement souffert, que j'ai beaucoup de peine à entrer en convalescence. Depuis vingt-cinq ans sans interruption j'ai activement servi la cause royale ; j'ai été onze ans prisonnier d'état en trois fois différentes ; j'ai, comme officier royaliste, passé à trois jugemens de mort : le premier à Toulon en 1798, à la commission militaire ; le second à la cour martiale maritime à Brest en 1802, et le troisième à Rochefort en 1813. Mais à la fin j'ai le bonheur de voir rétabli sur le trône de ses pères, le prince légitime auquel toute ma vie j'ai consacré mon cœur et mon bras.

Sous l'autorité paternelle de nos rois, les Français ne verront plus le glaive protecteur de la justice changé en poignard assassin; on respectera ce principe sacré qu'il vaut mieux pardonner à cent coupables, que de condamner un innocent; on ne verra plus juger deux fois un homme pour le même fait, après qu'il a été acquitté; punir des jurés pour avoir exactement obéi à la loi, et donner l'ordre à des juges de condamner un accusé. Plein de ces heureuses idées, récompensé de ce que j'ai fait par le succès de la cause que j'ai servie, je n'ai d'autre désir que d'être en-encore utile dans le poste qu'il plaira au Roi de me donner; et si j'ai quelque réclamation à faire, c'est en faveur des dignes officiers de mon jury, à Brest, que je prends la liberté de recommander respectueusement à la justice et à la bienveillance de Sa Majesté.

Le Chev^ier. DE RIVOIRE SAINT-HYPOLITE,

Officier de Marine, ex-Commandant les Marins royalistes à Brest.

www.ingramcontent.com/pod-product-compliance
Lightning Source LLC
LaVergne TN
LVHW020949090426
835512LV00009B/1787